Ein Trainingsplan zur Gewichtsreduzierung und zum Muskelaufbau. Eine Ausarbeitung

Trainingslehre 1

Gentijana Muhagjeri

GRIN

Bibliografische Information der Deutschen Nationalbibliothek:

Die Deutsche Nationalbibliothek verzeichnet diese Publikation in der Deutschen Nationalbibliografie; detaillierte bibliografische Daten sind im Internet über http://dnb.d-nb.de abrufbar.

ISBN: 9783346440181
Dieses Buch ist auch als E-Book erhältlich.

© GRIN Publishing GmbH
Nymphenburger Straße 86
80636 München

Druck und Bindung: Books on Demand GmbH, Norderstedt Germany
Gedruckt auf säurefreiem Papier aus verantwortungsvollen Quellen

Das vorliegende Werk wurde sorgfältig erarbeitet. Dennoch übernehmen Autoren und Verlag für die Richtigkeit von Angaben, Hinweisen, Links und Ratschlägen sowie eventuelle Druckfehler keine Haftung.

Das Buch bei GRIN: https://www.grin.com/document/1032752

Deutsche Hochschule für

Prävention und Gesundheitsmanagement

Hermann Neuberger Sportschule 3

66123 Saarbrücken

Einsendeaufgabe

Fachmodul:	Trainingslehre I
Studiengang:	Gesundheitsmanagement
Datum **Präsenzphase: :**	06.04.2021 – 09.04.2021
Name, Vorname:	Muhagjeri, Gentijana
Studienort:	**Frankfurt**
Semester:	**WS 2019**

Inhaltsverzeichnis

1 Diagnose

Bevor ein persönlicher Trainingsplan für den Kunden erstellt werden kann, ist ein individuelles Kundengespräch erforderlich. Zu Beginn wird der aktuelle Status der Person ermittelt, indem die regulären und biometrischen Daten abgefragt werden. Die wichtigen relevanten Informationen, die für den Trainer eine große Rolle spielen, sind Alter, Geschlecht, berufliche Tätigkeit und das aktuelle Leistungsniveau. Des Weiteren sind das Körpergewicht, der Körperfettgehalt und der Blutdruck zu nennen. Außerdem sollten die Trainingsmotive und Wünsche sowohl auch das Zeitbudget des Probanden hinterfragt werden, um das Training perfekt in den Alltag zu integrieren.

1.1 Allgemeine und biometrische Daten

Im Folgenden werden die allgemeinen und biometrischen Daten des Probanden aufgeführt. Diese Daten spielen eine wichtige Rolle in der Trainingsplanung sowie bei der Durchführung des Krafttrainings.

Tabelle 1: Allgemeine und biometrische Daten (eigene Darstellung)

Allgemeine Daten	
Alter	23 Jahre
Geschlecht	Weiblich
Körpergröße	157 cm
Körpergewicht	62 kg
Berufliche Tätigkeit	Studentin im Bereich Informatik
Aktuelle sportliche Aktivitäten	Fahrradfahren zweimal pro Woche 60 Minuten,
Frühere sportliche Aktivitäten	/
Trainingsmotive	- Muskelaufbau
	- Körperfettanteil reduzieren
	- Beseitigung der Rückenschmerzen im Lendewirbelbereich
Zeitlicher Verfügungsrahmen	- Zweimal pro Woche, 60 Minuten
Biometrische Daten	
Blutdruck	126/83 mmHG

Ruhepuls	68
	Schläge pro Minute (Normwert: 60-80 Schläge pro Minute)
Körperfettgehalt	30% (Ø = 25-31%) gemessen mit Tanita Waage

Allgemeiner Gesundheitszustand

Orthopädische Probleme	Rückenschmerzen im Lendenwirbelbereich (Schmerzen auf einer Skala von 1-10 = 5)
Internistische Probleme	/
Ärztliche Behandlung	/
Einnahmen von Medikamenten	/
Sonstige gesundheitliche Einschränkungen	/

Tabelle 2: Blutdruckklassifikation der American Heart Accociation (modifiziert nach Mancia er al., 2013, S.1286)

Blutdruckklassifikation der American Hurt Association

Bewertungsstufen	Systolischer Blutdruck	Diastolischer Blutdruck
Normblutdruck (Normotonie)		
Optimal	unter 120 mmHG	unter 80 mmHg
Normal	unter 130 mmHG	unter 85 mmHG
Hochnormal	130-139 mmHG	85-89 mmHG
Bluthochdruck (arterielle Hypertonie)		
Stufe 1	140-159 mmHG	90-99 mmHG
Stufe 2	160-179 mmHG	100-109 mmHG
Stufe 3	>180 mmHG	>110 mmHG
Ruhepuls		
Normwert	60-80 s/min (Steffny, 2004)	

Beurteilt man nun den Gesundheitszustand der Probandin, erkennt man, dass sich der Ruhepuls sowie der Blutdruck im Normalbereich befinden. Ihr Körperfettgehalt liegt im oberen Bereich des Normwertes. Schaut man sich die orthopädischen Probleme der Probandin an, so kann man feststellen, dass sie leichte Schmerzen im Lendenwirbelbereich hat, welche durch das lange Sitzen am Schreibtisch begründet werden können. Daraus resultiert eine ebenso vorgebeugte Haltung, welche man bei der genauen Anamnese feststellen kann. Diese Feststellung lässt sich auf die, durch das Sitzen, verkürzte Muskulatur zurückführen. Im Training gilt es dieser Fehlhaltung durch Kräftigung und Dehnung vorzubeugen. Des Weiteren hat die Probandin keine internistischen oder orthopädischen Probleme. Ein wichtiger Faktor für eine optimale Trainingssteuerung ist die Beurteilung des Trainingszustands. Da die Probandin keine Erfahrungen in diesem Bereich hat, zählt sie als Beginner.

1.2 Krafttestung

Bevor mit dem Trainingsplan begonnen werden kann, muss die Intensität individuell bestimmt werden um einen trainingswirksamen Reiz zu erstellen. Hierfür dient der ausgewählte Krafttest. Dieser wird an allen Geräten ausgeführt, die in dem Trainingsplan aufgenommen werden. Gewählt wird der X-RM-Test. Das Ziel bei diesem Mehrwiederholungskrafttest ist das maximal zu bewältigende Gewicht bei einer bestimmten Wiederholungszahl X, die durch den Trainer bestimmt wird. (Eifler, 2020) Der Fokus liegt auf der Bewegungsausführung und ist deshalb besonders gut für Beginner geeignet.

1.2.1 Beschreibung des detaillierten Testablaufes

Zuallererst überprüft der Trainer die gesundheitliche Verfassung der Probandin. Hierzu zählt die Nachfrage, ob sie ausreichend geschlafen, gegessen und getrunken hat. Danach führt die Probandin ein allgemeines und spezifisches Aufwärmprogramm durch. Das allgemeine Aufwärmen erfolgt auf dem Laufband für 8 Minuten. Ziel ist es, das Herz-Kreislaufsystem anzuregen und die Körpertemperatur zu erhöhen. Die spezielle Aufwärmphase erfolgt an den Trainingsgeräten, die im Trainingsplan integriert sind. Hierbei wird Synovialflüssigkeit gebildet und die Muskelgruppen werden aktiviert. Ein Aufwärmsatz beinhaltet 10 Wiederholungen mit 50% des Arbeitsgewichts um keine vorzeitige Leistungsminderung zu erreichen.

Ein Testablauf beinhaltet drei Sätze à 15 Wiederholungen mit einer dreiminütigen Pause zwischen jedem Satz, damit der Muskel eine ausreichende Erholung erhält. Der erste

Satz wird mit dem Gewicht nach dem subjektiven Empfinden des Trainers begonnen. Anschließend kann dieses so gesteigert werden, dass der Muskel die maximale Belastung erreicht. Diese ist erreicht, wenn die Probandin die letzte Wiederholung gerade so sauber ausführen kann. Die Steigerung kann von Satz zu Satz um fünf, zehn oder 25 Prozent erhöht werden. (Eifler, 2020) Hierbei ist das subjektive Empfinden und das Ausführen der Übung entscheidend. Die Konzentrische und die exzentrische Bewegung wird bei jeder Übung zwei Sekunden ausgeführt und es wird keine Sekunde statisch gehalten. (2/0/2) Der ganze Testablauf wird vom Trainer dokumentiert um im weiteren Prozess einen Vorher-Nachher Vergleich erstellen zu können.

1.2.2 Testergebnisse

Nachfolgend wird der Testdurchlauf tabellarisch dargestellt. Teilweise wurde schon im zweiten Testsatz das maximale Gewicht erreicht, weswegen kein dritter Satz notwendig ist.

Tabelle 3: Testergebnisse des X-RM-Tests (eigene Darstellung)

Gerät/Übung	Satz 1	Satz 2	Satz 3	Ergebnis
Latzug zur Brust	10 kg	15 kg	/	15 kg
Ruderzug	10 kg	15 kg	/	15 kg
Butterfly reverse	5 kg	/	/	5 kg
Beinpresse	50 kg	60 kg	/	60 kg
Beinbeuger lie- gend	10 kg	15 kg	20 kg	20 kg
Rumpfbeugen	15	20	/	20kg
Bauchtwist	10 kg	15 kg	/	15 kg

1.2.3 Schlussfolgerung der Krafttestung

Anhand der Ergebnisse kann man erkennen, dass die Kundin Beginner in diesem Bereich ist und Kraftdefizite aufweist. Die Kraftdefizite sind im Oberkörper deutlich größer als im Unterkörper. Dies kann mit dem regelmäßigen Fahrradfahren in der Woche begründet werden. Bei der individuellen Leistungsbild-Methode nach Eifler, wird bei dem X-RM-Test die Trainingsintensität für eine optimale Trainingssteuerung bestimmt.

Um eine Beurteilung über die Verbesserung des Trainingszustandes erstellen zu können, kann man so genannte Re-Tests durchführen. Hierfür ist es notwendig diesen mit den gleichen Belastungsparameter durchzuführen. Möchte man jedoch den Test mit anderen Personen vergleichen, stellt sich dies als ungünstig dar. Die äußerlichen Einflüsse werden bei dem Mehrwiederholungskrafttest nicht berücksichtigt. Hier zu nennen wäre zum Beispiel der momentane Gesundheitszustand. Des Weiteren gibt es keine Normwerte für jede Leistungsstufe und nicht für jede Altersgruppe. In dieser Hinsicht kann man sagen, dass ein intraindividueller Vergleich möglich ist aber kein interindividueller Vergleich.

2 Zielsetzung und Prognose

In der nachfolgenden Tabelle wurden die Trainingsmotive der Probandin aus dem Eingangsgespräch in genaue realistische Ziele mit dem Ausmaß und der Zeit genau aufgeschrieben. An diesen kann man die Trainingsentwicklung regelmäßig überprüfen.

Tabelle 4: Zielsetzung (eigene Darstellung)

Inhalt	Ausmaß	Zeit
Reduktion des Körpergewichts	-8kg	6 Monate
Muskelaufbau	10%	6 Monate
Schmerzen im LWS-Bereich lindern	Schmerzen auf einer Skala von 1-10: Ist-Zustand: 5 Soll-Zustand: 2	4 Monate

An erster Stelle steht das Ziel Abnehmen. Dies ist der Probandin besonders wichtig aufgrund des momentanen Unwohlseins. Ihr wird ein Zeitraum von 6 Monaten für 8 kg Gewichtsverlust angegeben. Um gesund abzunehmen, sollte man pro Woche nicht mehr als 250- 500 Gramm abnehmen. (Eifler, 2020, S.48)

Das zweite Ziel, welches ihr wichtig ist, ist der Muskelaufbau, um einfach auch wieder definierter auszusehen und um ihr Wohlbefinden zu verbessern und dem damit einhergehend gestärkten Selbstbewusstsein.

Des Weiteren gilt es durch eine optimale Trainingssteuerung die Schmerzen im unteren Rückenbereich zu minimieren um diese durch den bereits vorhandenen Bewegungsmangel und das lange Sitzen nicht zu verstärken. Damit der Körper sich optimal an die neuen Belastungen anpassen kann, wurden vier Monate ausgewählt.

3 Trainingsplanung Makrozyklus

3.1 Makrozyklusdarstellung

Tabelle 5: Makrozyklusdarstellung (eigene Darstellung)

	Mesozyklus 1	Mesozyklus 2	Mesozyklus 3	Mesozyklus 4
Zyklusdauer	6 Wochen	6 Wochen	6 Wochen	6 Wochen
Trainingsziel	Kraftausdauer	Muskelaufbau extensiv	Kraftausdauer	Muskelaufbautraining intensiv
Anzahl der Trainingseinheiten / Woche	2	2	2	2
Organisationsform	GK / Station	GK / Station	GK / Station	GK / Station
Übungen /Muskelgruppe	1 -2	1-2	1-2	1-2
Sätze/ Übungen	2	2	2	2
Trainingsintensität	50 – 70% ILB	50 – 70% ILB	50 – 70% ILB	50 – 70% ILB
Wiederholungen	15	12	20	10
Satzpausen	60 Sekunden	90 Sekunden	60 Sekunden	90 Sekunden
Bewegungstempo	2/0/2	2/0/2	2/0/2	2/0/2

3.2 Begründung der Wahl der übergeordneten Trainingsmethoden

In den ersten sechs Wochen trainiert die Probandin Kraftausdauer. Die Kraftausdauer ist die Widerstandsfähigkeit der Muskulatur gegenüber Ermüdung bei lange oder sich wiederholenden Kraftleistungen. (Spring, H., et al., 2008, S.37)

Ziel des ersten Mesozyklus ist die Anpassung des Körpers an die Belastungen, wie zum Beispiel einer verbesserten Aufnahme von Sauerstoff durch eine verbesserte Muskelkapillarisierung und des Anstiegs der Mitochondrien in den Muskelfasern. (Spring, H., et al., 2008, S.64). Außerdem wird durch diese Trainingsmethode vermehrt Fette abgebaut, wodurch die Probandin ihr Körperfettgehalt reduzieren kann. Aufgrund dessen erfolgt diese Trainingsform ebenso in Mesozyklus drei. Um neue Reize zu erhalten und um eine stetige Entwicklung des Körpers zu unterstreichen, folgt anschließend ein extensives Muskelaufbautraining. Im Fokus steht hier die Stärkung und der Aufbau der Muskulatur, welches der Probandin ebenso wichtig ist, um unter anderem ihre Rückenschmerzen zu lindern du diesen entgegenzuwirken. Darauf aufbauend folgt im vierten Mesozyklus ein intensives Muskelaufbautraining. Hier erfolgt nochmal ein neuer Reiz an die Muskulatur durch Veränderung der Belastungsparameter.

3.3 Begründung der Belastungsparameter

Bei einer optimalen Trainingsbeanspruchung spielen die Belastungsparameter eine ganz wichtige Rolle. Die Probandin gibt im Eingangsgespräch an, dass sie zweimal die Woche trainieren kommen kann. Dies ist optimal, denn ein Muskel sollte zweimal die Woche trainiert werden um einen trainingswirksamen Reiz auslösen zu können. Es zeigt sich auch, dass eine, fünf und sechs Trainingseinheiten weniger effizient pro Woche sind als zwei, drei oder vier Trainingseinheiten. (Fröhlich, M. & Schmidtbleicher D., 2008, S.8) Dementsprechend ist es auch wichtig, die Trainingstage nicht hintereinander zu legen. Dies kann sich negativ auf das Training, aufgrund der fehlenden Regeneration der Muskulatur, auswirken. Es sollte mindestens immer eins bis zwei Tage Pause zwischen zwei Trainingseinheiten sein, um eine vollständige Regeneration zu gewährleisten. Um die Probandin nicht zu überfordern, werden eins bis zwei Übungen pro Muskelgruppe mit jeweils zwei Sätzen gewählt. (Eifler, 2020, S.197) Dies reicht als Einstieg völlig aus, um im Muskel eine Adaptation auszulösen. Ein weiterer wichtiger Belastungsparameter ist die Trainingsintensität. Da die Probandin nach der individuellen Leistungsbildmethode unter Beginner eingestuft wird, ist eine Intensität von 50% – 70%

des ILB-Tests vorgesehen. Die Intensität sollte innerhalb eines Zyklus langsam ansteigen um neue Reize an die Muskulatur zu setzen. Die Belastungsdichte darf ebenso nicht außer Acht gelassen werden. Dies ist die Pause zwischen den Sätzen, wo die Muskulatur sich erholen soll. (Martin, D., et al., 1993. S.92) Je höher die Intensität, desto höher soll auch die Satzpause sein.

3.4 Begründung der Organisationsformen

Gerade für Einsteiger ist eine saubere und sichere Bewegungsausführung wichtig. Deshalb führt sie alle Übungen an geführten Geräten durch. Außerdem ist ein Ganzkörpertraining pro Trainingseinheit vorgesehen um eben der Muskulatur zweimal in der Woche einen Reiz zu geben. Aufgrund dieser Tatsache stellt sich diese Organisationform als beste für die Probandin heraus.

3.5 Begründung der Periodisierung

Die Basis der ILB-Methode ist die Variation der Belastungsparameter und stellt die Periodisierung im Makrozyklus dar. Vor jedem Mesozyklus wird ein ILB-Test mit der Probandin durchgeführt um diese individuell in Abhängigkeit des Leistungstandes anzupassen. Dadurch kommt es immer wieder zu neuen Anpassungen des Bewegungsapparates.

4 Trainingsplanung Mesozyklus

Tabelle 6: Überblick des 1. Mesozyklus (eigene Darstellung)

1. Mesozyklus

Dauer: 6 Wochen	Sätze/Übung: 2
Trainingsziel: Kraftausdauer	Satzpausen: 60 Sekunden
Trainingseinheiten / Woche: 2	Wiederholungen/Satz: 15
Organisationsform: Ganzkörper	Trainingsintensität: 50-70% des X-RM
Übungen pro Muskelgruppe: 1-2	Bewegungstempo: 2/0/2

Tabelle 7: Detailplanung des 1. Mesozyklus (eigene Darstellung)

1. Mesozyklus

Übung	Ergebnis X-RM Test	Woche 1 (50% X-RM)	Woche 2 (50% X-RM)	Woche 3 (60% X-RM)	Woche 4 (60% X-RM)	Woche 5 (70% X-RM)	Woche 6 (70% X-RM)
Latzug zur Brust	15 kg	7,5 kg	7,5 kg	9 kg	9 kg	10, 5 kg	10, 5 kg
Rudern sitzend	15 kg	7,5 kg	7,5 kg	9 kg	9 kg	10,5 kg	10,5 kg
Butterfly reverse	5 kg	2,5 kg	2,5 kg	3 kg	3 kg	3,5 kg	3,5 kg
Beinpresse	60 kg	30 kg	30 kg	36 kg	36 kg	42 kg	42 kg
Beinbeuger liegend	15 kg	7,5 kg	7,5 kg	9 kg	9 kg	10,5 kg	10, 5 kg
Brustpresse	15 kg	7,5 kg	7,5 kg	9 kg	9 kg	10,5 kg	10,5 kg
Rumpfbeugen	20 kg	10 kg	10 kg	12 kg	12 kg	14 kg	14 kg
Bauchtwist	10 kg	5 kg	5 kg	6 kg	6 kg	7 kg	7 kg

4.1 Auswahlbegründung der Übung

Die Trainingseinheit findet ausschließlich an den Geräten statt. Begründet wird das dadurch, dass sie mit dem Krafttraining erst anfängt und somit das Verletzungsrisiko niedrig ist, da die Bewegungen geführt werden. Außerdem unterstützen die Geräte eine schnelle Erlernung der Bewegungen und weisen ein vermindertes Fehlerrisiko auf. Der Fokus des Trainingsplans liegt auf dem Rücken, da sie zum einen eine vorgebeugte Haltung sowie Rückenschmerzen im Lendenwirbelbereich aufweist. Hier gilt der Aspekt der Priorität. Des Weiteren zählt auch der Aspekt des Muskelmassenanteiles. Die Übungen mit einem hohen Muskelmassenanteil werden vor den Übungen mit einem geringen Muskelmassenanteil ausgeführt. Außerdem verbrauchen große Muskeln viel mehr Energie, wodurch das Ziel der Gewichtsreduktion unterstützt wird. (Eifler, 2020 S. 249)

4.2 Latzug zur Brust

Der musculus latissimus, der hier vorrangig trainiert wird, zählt zu den Größten Muskel, weshalb er auch viel Energie verbraucht. Primär wird hier ebenfalls der musculus trapezius pars ascendens, der musculus rhomboideus minor und major sowie der musculus teres major trainiert. Die Rückenmuskulatur ist besonders im Zusammenspiel mit der Rumpf- und Brustmuskulatur für die Haltungs- und Bewegungsfunktion zuständig. Hierbei spielt der musculus latissimius eine wichtige Rolle, denn er unterstützt speziell die Aufrichtung im Schultergelenk und steht deswegen im Fokus für eine aufrechte Haltung für die Probandin. (Speckmann E.-J., Wittowski, W. 2020, S. 172)

4.3 Rudern sitzend am Gerät

Eine weitere Übung, die einer vorgebeugten Haltung entgegenwirkt, ist das Rudern. Der untere Rücken sorgt für die gerade Haltung, die Schultern werden nach hinten unten gezogen und die Bruststeht weiter raus. Auf eine schonende Art und Weise wird der Rücken optimal trainiert und kann auch die Schmerzen der Probandin minimieren. Das Rudern trainiert vor allem die Trapezmuskeln, die hintere Schulter und den Rückenstrecker. Durch die Kräftigung dieser Muskeln wird außerdem die Körperspannung verbessert.

4.4 Butterfly reverse

Hier liegt der Fokus auf der Stärkung des musculus trapezius pars transversa, musculus rhomboideus minor et major sowie des musculus infraspinatus. Durch die hier entscheidende Kräftigung des oberen Rückens wird die Brustwirbelsäule stabilisiert und unterstützt ebenso eine aufrechte Haltung.

4.5 Beinpresse

Die Beinpresse ist eine mehrgelenkige Übung, denn hier wird eine Extension im Knie- sowie im Hüftgelenk ausgeführt und somit ist diese Übung auch das Gegenteil zum Sitzen. Hier wird durch die Extension im Kniegelenk vor allem der musculus quadricepsfemoris sowie der musculus tensor fasciea latea trainiert. Durch die Extension in der Hüfte wird der musculus glutaeus maximus, die ischiocrurale Muskulatur und der musculus biceps femoris beansprucht. Der musculus gluteus maximus ist der mächtigste Muskel des Körpers. Er sorgt zum einen für die Streckung des gebeugten Hüftgelenks, zum anderen vermeidet er das nach vorne kippen des Rumpfes bezüglich des ventral gelegenen Rumpfes. (Speckmann E.-J., Wittowski, W. 2020, S.200) Durch die Umfangreiche Aktivierung und Stärkung des Unterkörpers gewinnt der Körper an Stabilität.

4.6 Beinbeuger liegend

Eine ebenfalls abwechslungsreiche Übung zum Sitzen ist der Beinbeuger im Liegen. Der Beinbeuger ist für die hintere Oberschenkelseite zuständig und stärkt diese. Diese Kräftigung ist das Zusammenspiel mit der Beinpresse, da die Gegenspieler so optimal trainiert werden und so eine Muskeldysbalance verhindert wird.

4.7 Brustpresse

Für die Probandin ist es ebenso wichtig die Brust zu trainieren. Die Brust ist der Gegenspieler zum Rücken und auch hier gilt eine gleichmäßige Stärkung der Gegenspieler. Bei der Brustpresse wird primär der musculus pectoralis major et minor und der musculus deltoideus pars clavicuaris trainiert. Die Stärkung dieser Muskeln unterstützt ebenso eine aufrechte Haltung sowie eine Stabilisierung der Schultern.

4.8 Rumpfbeugen

Es ist sehr wichtig den Bauch zu trainieren. Dieser ist der Gegenspieler zum Rücken und darf nicht außer Acht gelassen werden. Hier wird der musculus rectus abdominis, musculus obliquus internus abdominis et externus trainiert. Der Rupf wird so stabilisiert und kann auch den Rückenschmerzen entgegenwirken.

4.9 Bauchtwist sitzend

Die letzte Übung ist für die seitliche Bauchmuskulatur. Diese sind für Die Drehung des Oberkörpers zur Seite sowie für die Beugung zur Seite zuständig und werden deshalb auch in einer Drehbewegung trainiert. Die Kräftigung des musculus obliquus externus et internus abdominis sowie des musculus transversus abdominis entlasten die Wirbelsäule und gewährleisten eine gute Haltung.

5 Literaturrecherche

Im nachfolgenden wird die Auswirkung von Krafttraining auf chronische Rücken-schmerzen untersucht und tabellarisch dargestellt.

5.1 Studie 1

Tabelle 8: Studie 1 der Recherche (eigene Darstellung)

Studie 1
Autor
Publikation
Forschungsfrage
Versuchspersonen
Versuchsaufbau
Ergebnis
Schlussfolgerung

5.2 Studie 2

Tabelle 9: Studie 2 der Recherche (eigene Darstellung)

Studie 2
Autor
Publikation
Forschungsfrage
Versuchspersonen
Versuchsaufbau

Ergebnis	
Schlussfolgerung	

6 Literaturverzeichnis

Eifler, C. (2020). Studienbrief Trainingslehre 1- Aufbau einer Trainingseinheit. Trainingsplanung im Krafttraining. (rev.24.039.000). Saarbrücken: Deutsche Hochschule für Prävention und Gesundheitsmanagement.

Fröhlich, M., Schmidtbleicher, D. (2008). Trainingshäufigkeit im Krafttraining – ein metaanalytischer Zugang. Deutsche Zeitschrift für Sportmedizin. Jahrgang 59, Nr.2.

Martin, D., Carl, K., Lehnertz, K. (1993). Handbuch Traininglehre. 2. Aufl. Schorndorf: Hofmann.

Spring, H., Dvorak, J., Dvorak, V., Schneider, W., Tritschler, T., Vilinger, B. (2008). Theorie und Praxis der Trainingstherapie: Beweglichkeit, Kraft, Ausdauer, Koordination. (3 unveränderte Auflage). Thieme.

Speckmann E.-J., Wittowski, W. (2020) Handbuch Anatomie – Bau und Funktion des menschlichen Körpers. (21.Auflage). Urban & Fischer Verlag/Elsevier GmbH.

7 Tabellenverzeichnis